AF279019

LE
SUFFRAGE UNIVERSEL

PAR

R. DE ROYS

Membre du Conseil général de Seine-et-Marne,

———

PARIS

E. DE BEAUFORT, LIBRAIRE-ÉDITEUR

59, Rue de Châteaudun.

—

1872.

LE SUFFRAGE UNIVERSEL

LE
SUFFRAGE UNIVERSEL

PAR

R. DE ROYS

Membre du Conseil général de Seine-et-Marne.

———

PARIS

E. DE BEAUFORT, LIBRAIRE-ÉDITEUR

59, Rue de Châteaudun.

——

1872.

AUX LECTEURS

Dans la situation où se trouve aujourd'hui la France, il est du devoir de chaque citoyen de travailler à sa reconstitution. Il faut que chacun de nous, mettant de côté ses préférences politiques, apporte à la patrie le concours de ses forces et de son intelligence.

Tous les partis, j'aime à le croire, sont également dévoués aux intérêts du pays; ils veulent que la France soit de nouveau grande et prospère, ils veulent qu'elles panse ses blessures, et délivre un jour ceux de ses enfants qui subissent actuellement la domination étrangère.

Pour arriver à ce résultat, le Gouvernement que

se donnera la nation devra lui inspirer une confiance absolue ; il faut donc la préparer à le choisir avec discernement.

En attendant que l'évacuation de notre territoire nous permette de faire ce choix, il faut organiser et éclairer le suffrage universel.

Depuis que de sanglantes catastrophes ont bouleversé la France, le trouble s'est fait dans beaucoup d'esprits, et chaque fois que l'on procède à des élections pour combler les vides qui se produisent dans les rangs de l'Assemblée nationale, on constate avec tristesse l'indifférence politique d'un grand nombre de citoyens.

Cela tient peut-être à ce que l'on a bien des fois trompé les électeurs et à ce que l'Assemblée, en s'attribuant un pouvoir constituant, qu'elle n'a pas reçu de la nation, s'est attiré une impopularité dont elle ne se doute peut-être pas; mais cela tient aussi à la mauvaise organisation du suffrage universel.

Un peuple qui se désintéresse des affaires publiques court à sa perte. Si nous ne pouvons triompher de l'apathie électorale qui envahit la France, elle sera livrée aux plus intrigants, ou corrompue par les plus riches, jusqu'au jour où elle succombera sous le poids de ses propres fautes.

Humble soldat de la cause de l'ordre, aimant passionnément mon pays, dévoué aux idées de progrès et de liberté, je veux, dans la limite de mes forces, combattre le mal et indiquer ce qui, selon moi, devrait être fait pour que la nation s'intéressât davantage aux élections et que ses choix pûssent être éclairés.

Je m'adresse à tous ceux qui, comme moi, mettent les intérêts du pays au-dessus des compétitions des partis ; à tous ceux qui croient que si l'Assemblée actuelle doit rester à son poste jusqu'au jour du départ des garnisaires allemands, elle devra alors faire place à une Constituante ; à tous ceux qui veulent que la Nation fasse un choix éclairé qui nous garantisse des révolutions et assure à notre patrie l'ordre et la liberté.

R. DE ROYS.

Saint-Ange, 14 juillet 1872.

LE SUFFRAGE UNIVERSEL

I.

Le suffrage universel est l'application des principes du christianisme à la législation électorale ; il fait tous les français égaux devant l'urne du scrutin comme la religion de Jésus-Christ les reconnaît tous égaux devant Dieu.

Si nous avons tous les mêmes droits, nous n'avons pas tous, au même degré, le moyen de les exercer, et si équitable que le suffrage universel soit en principe, il se trouve souvent faussé dans son application.

L'égalité des intelligences est aussi impossible

que l'égalité des fortunes. On partagerait aujourd'hui, entre tous les citoyens, la totalité des valeurs mobilières et immobilières, que dans un an beaucoup d'entre eux auraient dévoré leurs parts que des voisins, hommes plus rangés, auraient acquises. De même, en donnant à tous les citoyens la même instruction, on ne pourrait pas faire qu'ils en profitassent tous également et que les uns ne restassent pas ignorants, tandis que les autres deviendraient très-instruits.

Pour que le suffrage universel donne de bons résultats, il faut qu'il soit organisé de telle manière que les hommes les plus intelligents éclairent ceux qui le sont moins, et que ces derniers, lorsqu'il s'agira de prendre une décision hors de leur compétence, écoutent les conseils de leurs concitoyens.

Il faut en outre que l'on facilite le choix de l'électeur en diminuant l'étendue des circonscriptions, qu'on lui fasse comprendre que s'il a le droit de prendre part à un vote, il en a aussi le devoir, et qu'enfin, on l'habitue à choisir avec discernement les hommes auxquels il confie le soin de le représenter.

Nous allons étudier successivement les moyens d'arriver à ces résultats.

II.

L'élection, au scrutin de liste par département, telle qu'elle a lieu aujourd'hui sous le régime de la loi de 1849, livre le suffrage universel aux intrigues, aux fraudes électorales et au hasard.

Que se passe-t-il en effet quand un département est appelé à élire un député ?

Quelle que soit la notoriété d'un candidat, il ne peut être connu de tous les électeurs d'un département; si grande que soit sa souplesse politique, il ne peut donner satisfaction aux intérêts divers de ceux qui professent ses opinions, et les deux ou trois candidats qui sont en présence sont à peu près tous dans la même situation. Il en résulte un nombre d'abstentions d'autant plus considérable que le département est plus riche, que ses intérêts sont multiples et varient d'un point à un autre de son territoire.

Comme il suffit, pour qu'un candidat soit élu député, qu'il ait un nombre de voix supérieur au huitième des électeurs inscrits dans le département, l'élu ne représente souvent qu'une infime minorité d'électeurs.

S'il s'agit d'élections générales, comme au mois de février 1871, les inconvénients du scrutin de liste, par département, sont encore bien plus frappants.

Un beau matin, trois ou quatre individus habitant le chef-lieu du département s'adjoignant quelques amis qui résident dans d'autres arrondissements, se constituent en comité électoral et dressent une liste de candidatures; un journal de la localité publie cette liste, accompagnée d'un article dans lequel on chante les louanges des candidats, qui doivent tous, s'ils sont élus, faire le bonheur du peuple; les candidats qui ne figurent pas sur la liste du premier comité provoquent la création d'un second, puis d'un troisième, on a bientôt ainsi une liste bleue, une liste blanche et une liste rouge, dressées toutes trois par des comités sans mandat, petites coteries d'admiration mutuelle, dans lesquelles on se fait la courte échelle sur le dos des électeurs.

Chaque comité affiche un programme auquel adhèrent les candidats de son choix; dans les réunions et les journaux, on parle au nom des électeurs qui n'ont pas été consultés, comme si des milliers d'adhérents prêtaient leur appui à ces entrepreneurs d'élections.

Le jour du scrutin, la masse des électeurs qui connaît à peine un ou deux noms de chaque liste, ne sait laquelle choisir; le nom le plus connu placé en tête d'une liste déterminera le plus grand nombre à voter pour cette liste, sans s'inquiéter des autres noms qu'elle porte; chacun des électeurs se laissant guider par cette considération, l'élection devient une loterie à laquelle le hasard seul préside.

Ajoutons à cela que certains candidats font imprimer des listes différentes pour les diverses parties du département, le premier nom de la liste, sur laquelle le leur figure invariablement, est celui du candidat le plus connu dans la localité à laquelle elle est destinée.

Le scrutin de liste par département livre donc l'élection aux intrigues et aux surprises; le résultat en est souvent l'effet du hasard, et la représentation nationale qui en est issue en perd une bonne part du prestige et de l'autorité qui lui sont nécessaires.

Plusieurs députés, élus le 8 février 1871, n'ont obtenu de suffrages que dans les arrondissements où ils n'étaient connus que de nom; partout où on les connaissait mieux, on avait impitoyablement rayé leur nom sur les listes. Ce fait seul suffit pour faire juger le système.

III.

Le scrutin de liste par département a encore un

autre défaut capital; il ne se prète pas à la représentation des intérêts. Les élections par ce système prennent un caractère exclusivement politique.

La politique doit, il est vrai, jouer un grand rôle dans les élections à l'Assemblée nationale, mais les intérêts agricoles, industriels et commerciaux doivent être pris en sérieuse considération.

Dans beaucoup de départements, ainsi que nous l'avons dit plus haut, ces intérêts varient d'un arrondissement à un autre ; l'un est agricole, l'autre industriel ; l'un est protectionniste, l'autre libre-échangiste : ces intérêts survivent aux commotions politiques et aux changements dans la forme du gouvernement ; les questions purement politiques ont sur eux une grande influence ; mais de la connaissance parfaite qu'en ont les représentants du pays dépendent la richesse et la prospérité de la nation.

Ces intérêts ne sont ni monarchistes ni républicains ; ils veulent l'ordre, la sécurité et des lois qui ne les froissent pas. On a vu des gouvernements qui avaient une très-mauvaise politique donner au pays une grande prospérité matérielle, qui a survécu à leur chûte et aux cataclysmes causés par leurs fautes.

Comment concilier ces intérêts avec le scrutin de liste ? Comment faire la part des opinions de tel ou tel arrondissement, sur une question économique, si on ne se préoccupe que du drapeau de chaque candidat ?

Lorsque l'on dresse une liste de candidatures, on fait une certaine répartition des candidats entre les arrondissements ; mais on a vu que le député attribué à un arrondissement n'y avait parfois obtenu qu'un nombre infime de voix, et d'ailleurs, quelle autorité ont des comités sans mandat pour faire cette répartition ?

Les arrondissements agricoles devraient être représentés par des agriculteurs ; les arrondissements industriels par des manufacturiers, etc., tandis que nous pourrions citer des arrondissements essentiellement agricoles, dont les députés ne distingueraient pas un champ de blé d'un champ d'orge.

S'il en était autrement, on ferait peut-être un peu moins de politique ; mais on ferait mieux nos affaires et nous ne nous en plaindrions pas.

En France, on aime les beaux discours bourrés de phrases sonores et ronflantes; on applandit un député qui débite à la tribune des tirades aussi inutiles qu'emphatiques; on s'extasie devant ses périodes interminables, et si un homme pratique élucide une question en quelques mots, on le trouve aride et ennuyenx.

Le jour où nous serons corrigés de ce travers nous aurons accompli un grand progrès; cette tendance à préférer la forme au fond, et les bavards aux hommes pratiques, nous a coûté assez cher pour que nous revenions à une manière d'être plus raisonnable.

IV.

Le scrutin de liste par département, mauvais en

principe, est condamné par l'expérience ; nous espérons qu'il ne survivra pas à la loi électorale que l'Assemblée nationale élabore en ce moment. Si les membres de cette Assemblée n'étaient pas conduits par la raison et l'équité à opérer cette réforme, ils y seraient amenés par leur intérêt, car, beaucoup d'entre eux ont dans leur arrondissement une situation personnelle qui les y ferait réélire, tandis que les sympathies locales ne prévaudraient pas contre l'opinion d'un département tout entier, excitée par des candidats qui exploiteraient les griefs très-légitimes du pays contre l'Assemblée.

Le scrutin de liste compte encore aujourd'hui quelques partisans. Nous allons en donner l'explication.

Lorsqu'au lendemain de la révolution de février 1848, le Gouvernement provisoire décida que les élections à l'Assemblée constituante seraient faites au scrutin de liste, par département, il avait un double but : combattre l'influence des notabilités locales, dont on craignait les opinions antirépublicaines et faciliter l'élection des hommes qui étaient connus de nom en province sans avoir de racines dans aucun département. Il est évident, en effet, que les avocats et les journalistes, dont le nom avait été mêlé aux luttes politiques du règne de Louis-Philippe, avaient plus de chances d'être élus dans un département où leurs articles et leurs discours avaient été lus, que dans un arrondissement où ils auraient eu à lutter contre un homme ayant de longue date l'estime et la confiance de ses concitoyens.

C'était annuler la représentation des intérêts au profit des passions politiques; les passions se calment et les intérêts restent; le résultat obtenu fut si complet, que le pays, lorsqu'il fut dégoûté des luttes politiques, ne se sentant pas représenté par l'Assemblée législative qui avait succédé à la Constituante, et avait été, comme elle, élue au scrutin de liste, assista avec indifférence à la dispersion de cette Assemblée et à la violation d'une Constitution qu'il n'avait pas sanctionnée.

Vingt ans après, nous trouvons des hommes disposés à retomber dans les mêmes erreurs, et qui dédaignant les enseignements de l'histoire croient encore que l'on peut impunément faire litière des intérêts d'une nation au profit de l'ambition de quelques chercheurs de popularité. Si, par malheur pour la France, ils parvenaient à faire triompher leurs doctrines, nous serions exposés à voir encore une fois une Assemblée issue des hasards du scrutin de liste, et n'ayant pas la confiance du pays, dispersée quelque jour par un coup de main du pouvoir ou de la rue, sans que la nation prît la défense de ses mandataires.

Nous ne sommes plus au temps où nous pouvions faire des expériences ; il faut que nous donnions une base solide à nos institutions, sans quoi la France ne parviendra pas à retrouver la sécurité nécessaire à sa reconstitution.

Depuis trop longtemps, la souveraineté nationale est un vain mot, et la masse électorale est exploitée tour à tour par le césarisme et la démagogie. Lorsque le pays était en pleine prospérité, nous pouvions chercher à résoudre de diverses manières le problème du gouvernement du pays par le pays ; aujourd'hui, se jeter dans de pareilles aventures serait commettre un crime de lèse-nation.

Renonçons donc aux utopies et débarrassons-nous une bonne fois de la routine révolutionnaire ou monarchique ; les hommes passent, emportant dans la tombe leurs préjugés et leurs haines, ne copions pas servilement ceux qui nous ont précédés. Instruits par leurs fautes, cherchons à les éviter, à faire mieux qu'eux, et ne nous laissons pas aller de gaîté de cœur à accepter une tradition qui nous conduirait fatalement à notre perte. Songeons à ne pas livrer le pays aux ambitieux, d'où qu'ils viennent.

V.

Le scrutin de liste par département étant écarté, nous devons chercher parmi les autres systèmes celui qui nous donnera le plus de garanties.

Sous l'Empire, nous avons essayé des circonscriptions électorales découpées dans un département, sans tenir compte des intérêts des populations, et dans le seul but d'assurer le succès des candidats patronnés par le pouvoir. Ces circonscriptions étaient beaucoup trop étendues, elles devaient contenir trente-cinq mille électeurs, c'est-à-dire, plus de cent mille habitants.

Dans une circonscription aussi vaste et aussi peuplée, il est presque impossible que les candidats soient connus des électeurs.

Il est facile de choisir dans une commune des conseillers municipaux que l'on connaît tous de longue date. On connaît également dans un canton les candidats au Conseil général; mais quand il s'agit de huit ou dix cantons votant ensemble pour élire un député, l'électeur éprouve une difficulté presque insurmontable à s'éclairer sur les mérites des divers candidats.

Aussi, qu'avons nous vu aux élections de 1869, les seules, sous l'Empire, dans lesquelles on ait eu une complète liberté?

Les candidats parcouraient les circonscriptions en débitant leurs boniments dans des réunions électorales; chacun d'eux amenait à ces réunions un groupe de fidèles, qui applaudissaient ses discours et huaient ses concurrents. La joûte oratoire se terminait invariablement par une ovation faite au candidat qui avait su faire pénétrer le plus grand nombre d'amis dans la salle de réunion, et dont les agents offraient généreusement à boire aux électeurs altérés; car la propagande de cabaret jouait également un rôle considérable.

Le même candidat, conservateur devant un public de cultivateurs, devenait radical devant un public d'ouvriers; les flatteries les plus basses étaient prodiguées au peuple par ces charlatans politiques; ils lui promettaient des réformes irréalisables et s'engageaient à combattre les mesures les plus utiles que l'on avait eu soin de rendre impopulaires; c'est ainsi qu'ils promettaient de s'opposer à l'organisation de la garde mobile, qui eût pu nous rendre de si grands services. Sous ce rapport, du reste, le succès a dépassé leurs espérances, et lorsque nos armées succombèrent au début de la guerre contre la Prusse, nous ne pûmes opposer à l'invasion que des bandes indisciplinées. La garde mobile se battit héroïquement; mais, commandée le plus souvent par des chefs inexpérimentés, qui les sacrifiaient inutilement, les jeunes gens qui la composaient, n'ayant reçu aucune instruction militaire, ne pouvaient être des soldats; ils se faisaient tuer courageusement, mais ils ne pouvaient résister aux bandes aguerries du roi de Prusse.

Si la cause première de nos désastres est la mauvaise organisation de notre armée, il faut bien reconnaître que ces messieurs doivent porter aussi une part de la responsabilité.

Au lendemain des élections, on a pu voir ce que valaient les promesses des candidats; les ennemis des gros traitements se sont fait donner des fonctions grassement rétribuées; les hommes indépendants de tout esprit de parti se sont mis à la remorque de prétendants au trône, et les grands réformateurs ont cessé de réclamer la moindre réforme quand ils ont été au pouvoir, ou qu'ils y ont vu leurs amis.

Les élections de 1869 ont donné la juste mesure de l'affaissement de notre esprit politique; d'un côté, des mensonges débités par les candidats; de l'autre, la propagande de cabaret faite par leurs agents, tel a été le lamentable spectacle auquel n ous avons assisté pendant toute la période électorale.

Nous croyons donc devoir repousser le système des circonscriptions étendues, comme elles l'étaient sous l'Empire. .

VI.

L'arrondissement nous semble une circonscription de beaucoup préférable ; nous y sommes habitués, et c'est une circonscription fixe.

Depuis l'établissement du suffrage universel, on attribue à chaque département un nombre de députés en rapport avec sa population. La loi de 1849 attribue un député par 50,000 habitants ; il est facile de répartir les députés d'un département entre les divers arrondissements proportionnellement à la population de chacun d'eux. Si un arrondissement avait plusieurs députés à élire, l'élection par arrondissement pourrait, dans ce cas, se faire au scrutin de liste, qui n'aurait plus les mêmes inconvénients que s'il avait lieu par département.

Un autre système consisterait à diviser tous les départements en circonscriptions. également peuplées et formées de cantons réunis d'un même arrondissement ou de deux au plus. Ce système ne serait applicable qu'à la condition que les circonscriptions soient très-petites; si elles étaient grandes, on retomberait dans les inconvénients du système électoral de l'Empire.

Si on conservait le nombre actuel de députés, les circonscriptions de 50,000 habitants comprendraient en moyenne de 4 à 6 cantons; ce qui ne serait pas trop.

Ce système faciliterait la tâche des électeurs et rendrait plus facile l'organisation du suffrage universel, telle que nous l'exposerons plus loin.

Il aurait de plus l'avantage très-considérable de donner aux grandes villes une représentation spéciale.

Avec tout autre système, une grande ville est noyée dans un département, ou écrase par ses votes la minorité rurale de son arrondissement. Or, les grandes villes ayant des intérêts distincts de ceux des campagnes, il nous paraît équitable de leur assurer une représentation distincte.

Enfin, un troisième système a été proposé à l'Assemblée nationale par un des hommes les plus justement estimés du parti républicain, M. Jozon, député de Seine-et-Marne. M. Jozon propose de diviser chaque département en circonscriptions nommant deux ou trois députés au scrutin de liste, il donne satisfaction aux partisans du scrutin de liste en en atténuant d'une manière sensible les inconvénients.

Le système de M. Jozon aurait l'avantage de permettre l'établissement de listes de conciliation sur lesquelles seraient portés des noms de nuances diverses et qui pourraient rallier toutes les opinions ; mais, pour cela, il faudrait que le suffrage universel fût éclairé et mieux organisé qu'il ne l'est, et qu'il soit à l'abri des menées des intrigants.

Dans l'état actuel des choses nous croyons que

le meilleur système serait la circonscription élisant un seul député, à la majorité absolue ; toutefois, nous accepterions volontiers l'arrondissement nommant un ou plusieurs députés.

VII.

Nous avons cherché quel était le système de circonscriptions électorales qui présentait les plus grandes garanties au suffrage universel ; quel que soit celui que l'on adoptera, on se trouvera toujours en présence d'une grave difficulté.

Si petite que soit une circonscription, il est impossible que les candidats soient connus de tous les électeurs, et un grand nombre d'entre eux voteront sans se rendre bien compte des raisons qui les guideront. Beaucoup d'électeurs ne sont pas assez instruits pour juger les questions économiques ou politiques, et ils peuvent se laisser entraîner à voter dans un sens opposé à leurs opinions et à leurs

intérêts. Si un candidat inspirait à tous les électeurs une confiance assez grande pour qu'ils
puissent lui remettre un blanc seing et porter
leurs suffrages sur lui, sans s'inquiéter de ses opinions, la difficulté serait supprimée ; mais il n'en
est jamais ainsi.

Si dans une lutte électorale, on agite des questions complexes, de la solution desquelles dépend
peut-être le repos du pays au moment où elles sont
posées, telles que la liberté de l'enseignement,
l'impôt sur le capital ou le revenu, la séparation
de l'Église et de l'État, la liberté de tester, etc. etc.
Combien d'électeurs pourront se prononcer en
connaissance de cause ? Combien possèdent les
notions historiques, économiques et juridiques
nécessaires à celui qui veut discuter de telles
questions, ou seulement suivre des débats sur ce
sujet ? Il y aura dans les idées une déplorable con-
fusion, d'autant plus que parmi les plus ignorants
il en est beaucoup qui se croient capables de résoudre tous les problèmes politiques ; nous avons
tous rencontré quelques-uns de ces individus qui
n'ont d'autre instruction que celle de l'école primaire, digèrent mal les articles de journaux qui

sont leur pâture quotidienne, ne comprennent rien et croient tout comprendre, veulent même tout expliquer, tranchant, avec un magnifique aplomb, les questions les plus épineuses à la solution desquelles plusieurs générations d'hommes politiques ont consacré un labeur inutile, et se posent en directeurs de l'opinion publique. Nous avons confiance dans le bon sens d'un paysan ou d'un ouvrier ; ce bon sens, à défaut d'instruction, peut le conduire à la vérité ; la vaniteuse incapacité de ces grotesques personnages a tellement oblitéré leur jugement, qu'ils sont toujours à côté de ce qui est vrai et juste. Ils sont un véritable danger pour le suffrage universel, car ils l'induisent sciemment ou inconsciemment en erreur, et jettent dans certains esprits le germe d'idées absurdes qui font quelquefois leur chemin aux dépens de la cause qu'ils ont la prétention de servir.

A quelque parti qu'appartiennent ces hommes, il faut les redouter, ce sont les *fruits secs* de la politique.

VIII.

Si l'on veut étudier sérieusement la situation faite au suffrage universel, on voit qu'un gouvernement ayant obtenu dans le pays une écrasante majorité peut être tenu en échec par une minorité hostile, si cette minorité se compose des éléments les plus instruits et les plus intelligents de la nation. Si ce gouvernement a pour adversaires tous ceux qui pensent, parlent ou écrivent, il sera chaque jour attaqué, critiqué, conspué. Si, s'appuyant sur la force qu'il croit tenir de l'élection, il cherche à fermer la bouche à ses ennemis, ceux-ci entreprendront une lutte sourde, plus dangereuse encore que la lutte ouverte. A la première faute que ce gouvernement commettra, l'opinion publique, entraînée par l'élite intellectuelle de la nation, se détachera de lui ; il pourra, par d'habiles manœuvres, reconquérir un ascendant passager sur cette opinion, mais un jour ou l'autre, il devra succomber sous les coups de ses adversaires.

Le nombre donne les majorités aux gouvernements ; il ne leur donne pas la force. C'est là l'écueil des plébiscites.

Il faut donc, à tout prix, que nous trouvions le moyen de mettre d'accord le nombre et l'intelligence, pour que nous puissions établir un édifice solide sur la base du suffrage universel.

Il faut, pour cela, qu'il y ait entente entre ceux qui sont capables de comprendre les questions les plus complexes de la politique et ceux qui ne le peuvent pas ; il faut que l'électeur ignorant ne soit pas dans la nécessité d'écouter les avis d'un politiqueur d'estaminet, aussi ignorant et moins sensé que lui ; il faut enfin organiser le suffrage universel de manière à ce que le vote de la nation soit l'expression de sa volonté éclairée et réfléchie.

IX.

Le vote à deux degrés donnerait au pays toutes

les garanties nécessaires, et des hommes politiques de toutes les opinions ont songé à en réclamer l'établissement.

Les électeurs de chaque commune nommeraient un délégué par cent habitants, par exemple ; les électeurs délégués se réuniraient au chef-lieu de la circonscription et formeraient un grand jury devant lequel comparaîtraient les candidats ; après les avoir entendus et avoir discuté toutes les candidatures, les délégués procéderaient à l'élection du député.

Le vote à deux degrés donnerait certainement de très-bons résultats ; mais dans un pays aussi méfiant que le nôtre, il serait difficilement établi et provoquerait des réclamations de la part de ceux dont il déjouerait les combinaisons. On aurait beau respecter les droits de tous les citoyens, on n'en crierait pas moins que l'on veut mutiler le suffrage universel.

Aussi ne faisons-nous qu'indiquer ce système. Nous voulons chercher le moyen d'obtenir le même résultat en maintenant le vote direct. Une loi élec-

torale doit non-seulement être juste, mais encore
ne pas prêter le flanc aux attaques des ennemis de
l'ordre, exploitant la susceptibilité d'un grand nombre de citoyens pour déconsidérer la représentation
nationale.

X.

Dans chaque commune, si petite qu'elle soit, il y
a un certain nombre d'hommes plus au courant des
affaires et de la politique que le reste de leurs concitoyens ; c'est parmi ces hommes que sont habituel-
lement choisis les conseillers municipaux. Ils jouis-
sent d'une légitime influence, et peuvent, au moment des élections, entreprendre la tâche d'éclairer
le suffrage universel.

Supposons que les électeurs d'une circonscription soient appelés à élire un député, voilà comment nous voudrions voir les choses se passer.

Aussitôt que le décret de convocation est publié,

les électeurs de chaque commune se réunissent par groupes de vingt ou trente autour d'un des notables de la commune ; l'homme le plus intelligent du groupe est désigné pour le représenter, et reçoit, en présence du maire, un pouvoir signé de ses commettants, dont le maire légalise les signatures.

Les noms de tous les délégués ainsi désignés sont envoyés au maire du chef-lieu du canton, qui en fait dresser la liste.

Dix jours avant celui où le vote doit avoir lieu, les délégués des communes du canton se réunissent au chef-lieu sous la présidence du conseiller général, ou, à son défaut, du conseiller d'arrondissement ; ils s'entendent sur les questions qui doivent être posées aux candidats, ils indiquent les candidatures qui ne leur semblent pas avoir les sympathies des populations, puis, ils désignent autant de délégués du canton que ce canton à de milliers d'habitants.

Les délégués des cantons, auxquels s'adjoignent les conseillers généraux et d'arrondissement, se réunissent au chef-lieu de la circonscription le dimanche qui précède celui de l'élection ; ils constituent ainsi un comité électoral revêtu d'un mandat parfaitement régulier.

Les candidats se présentent devant ce comité, répondent aux questions qui leur sont posées et font leur profession de foi.

Après avoir entendu tous les candidats, le comité vote au scrutin secret et le résultat du scrutin est affiché dans toutes les communes avec le procès-verbal de la séance.

Le candidat qui a obtenu le plus grand nombre de voix est alors le candidat du comité. Il peut arriver que la majorité en faveur d'un candidat ne soit pas considérable, celui qui a le plus de voix est alors candidat de la majorité du comité, celui qui le suit est candidat de la minorité. Si les suffrages sont à peu près également répartis entre les candidats, le comité se borne à faire afficher le résultat du scrutin, sans recommander aucun des concurrents.

Les candidats étant ainsi choisis et présentés par le comité après un examen sérieux, et les électeurs étant informés du résultat de cet examen, leur bonne foi ne peut plus être surprise. Le candidat, désigné par des hommes qui ont leur confiance, est accepté par eux, et le pays est enfin représenté comme il doit l'être.

Tel est, en quelques mots, le système que nous croyons le plus efficace pour éclairer le suffrage universel et faire marcher d'accord le nombre et l'intelligence. Ce système a tous les avantages du vote à deux degrés et n'a pas l'inconvénient de prêter aux interprétations malveillantes.

XI.

Les électeurs apporteront un grand soin dans le choix de leurs délégués, et ceux-ci, dans leur réunion au chef-lieu du canton désigneront les plus intelligents et les plus instruits pour faire partie du comité électoral de la circonscription, car le choix d'un candidat qui, présenté par le comité, aura toutes les chances d'être élu, est difficile et de mande une aptitude spéciale. On ne saurait apporter un trop grand soin, une trop minutieuse attention dans le choix des représentants du pays.

Tous ceux qui suivent les débats de l'Assemblée nationale ont pu constater qu'un grand nombre de députés ne prennent jamais la parole. Il est évident que si nos sept cent trente représentants voulaient parler sur toutes les questions, les discussions déjà bien longues, deviendraient interminables; il est certain, d'autre part, que ce ne sont pas les députés les plus loquaces qui font la meilleure besogne, et que, si l'on discute une loi d'affaires, les faiseurs de beaux discours politiques s'abstiennent généralement, parce qu'ils ne connaissent pas le premier mot de la question; mais entre les bavards et les muets, il y a place pour tous ceux qui veulent présenter des observations ou des amendements utiles, appuyer ou combattre un projet de loi par des arguments sérieux, qui n'ont aucunement besoin d'être entourés de fleurs de rhétorique. Ce sont, dans une Assemblée, les membres les plus utiles et il serait à désirer qu'il n'y eût que de ces députés là.

Un député qui parle trop fait perdre à ses collègues un temps précieux; un député qui ne parle pas est une non-valeur, une simple machine à voter.

Mais, nous dira-t-on, ce député travaille dans les Commissions, il peut n'avoir pas le talent de la parole, être intimidé par la tribune, et s'exprimer facilement en petit comité. Cela est quelquefois vrai, mais c'est aussi l'excuse habituelle des incapables et des paresseux.

L'un ne parle pas parce qu'il n'a rien à dire; l'autre, parce qu'il est affligé d'un organe qui, dès le premier mot, provoque l'hilarité de ses collègues; celui-ci, parce qu'il ne comprend pas les questions qui sont en discussion; celui-là, parce qu'il ne les a pas étudiées, voilà la vérité. Or, nous croyons que les hommes sans intelligence ou sans instruction ne doivent pas être députés, pas plus que ceux qui ne veulent pas travailler ou qui sont physiquement incapables de défendre les intérêts de leurs commettants.

Il ne suffit pas que le député puisse soutenir une opinion dans les Bureaux, il faut qu'il puisse au besoin la soutenir à la tribune. Si peu éloquent qu'il soit, s'il a une opinion bien arrêtée, il peut toujours en quelques mots développer ses arguments.

Ce que l'on conçoit bien s'énonce clairement,
Et les mots pour le dire arrivent aisément.

Il sera du reste d'autant mieux écouté qu'il sera plus bref et plus concis.

S'il n'en est pas capable ; s'il ne peut, à un moment donné, opposer ce qu'il croit la vérité à ce qu'il sait être l'erreur ; s'il doit être spectateur muet des discussions les plus ardentes, sans pouvoir exprimer une opinion qui triompherait peut-être et sans présenter une solution qu'il croit bonne et qui pourrait rallier la majorité des représentants ; s'il n'a, enfin, que la pensée sans l'action, il est condamné à l'impuissance, il est une inutilité.

Nous avons dit que les hommes expérimentés étaient préférables aux bavards ; mais à quoi sert l'expérience d'un député s'il ne peut éclairer ses collègues ?

Soit qu'il n'ait rien à dire, soit qu'il ne puisse rien dire, le député muet est une non-valeur politique qui ne doit pas figurer dans la représentation nationale.

C'est au comité électoral qu'il appartiendra de juger des aptitudes intellectuelles et physiques des candidats, de s'assurer s'ils connaissent les questions qui intéressent le pays et s'ils sont capables de défendre leurs opinions à la tribune.

XII.

Il faut qu'en présence du comité le candidat prouve qu'il connaît bien les intérêts de ceux qu'il veut représenter ; qu'il s'explique clairement sur les questions politiques et économiques, ne répondant pas par des phrases ambiguës ou des tirades

à effet, mais allant droit au but, avec clarté et net-
teté.

Nous ne voulons plus de ces charlatans politiques qui promettent dans d'éloquentes profes-
sions de foi de régénérer la société, de supprimer
tous les abus et de couler la nation tout d'une
pièce dans un moule nouveau ; nous voulons des
hommes dévoués à la cause du progrès qui fassent
des efforts constants pour améliorer ce qui existe
et n'excitent pas les passions politiques par des
promesses irréalisables.

Nous ne voulons pas de ces hommes qui ont
toujours à la bouche le mot de liberté, quand ils
n'ont dans le cœur que le désir de servir un parti,
nous voulons des citoyens qui sachent comprendre
ce grand mot et qui travaillent à fonder la liberté
pour tous, sous la sauvegarde de la volonté nationale. Nous ne voulons pas des inconnus qui
viennent, précédés d'une représentation souvent
plus bruyante que légitime, jeter de la poudre
aux yeux des électeurs ; nous voulons des hommes
dont les antécédents et les opinions soient connus
de nous.

Enfin, nous ne voulons pas de ceux qui mettent leurs préférences politiques au-dessus de la cause du pays, et qui ne voient dans les malheurs de la patrie que les chances de succès que conserve leur parti au milieu de l'effondrement général.

Nous sommes peut-être difficiles et bien exigeants, mais le pays n'est pas si pauvre en hommes politiques que l'on ne puisse trouver des candidats réunissant ces qualités.

Les comités électoraux bien composés, dans lesquels siégeront les hommes les plus éclairés de chaque canton, connaîtront les candidats et s'assureront qu'ils remplissent les conditions qu'ils croiront devoir exiger du député de leur circonscription ; ils seront interrogés et jugés d'après leurs réponses ; ils ne se trouveront plus en présence d'une foule facile à entraîner et à séduire, mais d'un public d'élite qui se prononcera en connaissance de cause.

Si la lutte politique est vive, les partis se compteront au scrutin sur les candidatures à adopter ; mais bien des membres du comité feront des concessions sur certaines questions, et en tout cas, l'opinion du comité sera une opinion éclairée.

Les électeurs prononceront en dernier ressort, instruits par les procès-verbaux des séances et guidés par le vote du comité ; rien ne sera laissé au hasard et à l'imprévu, et les intrigues, la corruption et la fraude n'auront plus de prise sur le suffrage universel.

XIII.

Le système que nous venons d'exposer s'appliquerait à toutes les circonscriptions, et, sous le régime de la loi actuellement en vigueur, il diminuerait les inconvénients du scrutin de liste par département sans cependant les faire disparaître. Il empêcherait les manœuvres électorales qui trompent l'opinion publique et déjouerait les combinaisons des comités sans mandat qui s'arrogent le droit de diriger le suffrage universel et exploitent la crédulité publique.

XIV.

Notre système produira une représentation nationale élue par tous les citoyens, après avoir été choisie par les plus éclairés ; nous obtiendrons ainsi l'accord si nécessaire de l'intelligence et du nombre, et les députés auront une grande autorité morale dans le pays.

Une Assemblée constituante ainsi élue pourrait fonder un édifice durable ; car elle se sentirait appuyée par la nation tout entière, qui accepterait ses décisions avec le respect qu'elles mériteraient.

Il est en outre bien évident que l'éducation politique de la masse des électeurs se fera petit à petit par ce moyen. Dans les réunions cantonales on discutera les principales questions à poser aux candidats ; les délégués communaux mettront leurs concitoyens au courant de ce qui s'y sera passé, répèteront les arguments qui les auront frappés, expliqueront les motifs qui les auront portés à choisir pour délégué du canton monsieur un Tel plutôt que monsieur un Tel ; bref, chacune de ces réunions sera une école politique pour les délégués communaux d'abord, pour tous les électeurs ensuite.

Ces réunions n'auront rien de commun avec les écœurantes réunions électorales de 1869 ; les délégués communaux y seront envoyés avec un mandat des électeurs de leur commune et ils auront à cœur de remplir ce mandat avec calme et dignité.

Lorsque le comité électoral aura fait son choix, les membres de ce comité rendront compte de leur mission aux autres délégués communaux de leur canton ; il y aura de nouvelles explications données par eux et transmises dans chaque commune par les délégués. Cet échange d'idées développera peu à peu l'esprit politique de la nation.

Nous espérons que le premier acte de la prochaine Assemblée sera d'adopter le principe de l'obligation de l'instruction primaire, principe dont une application sage et libérale serait bien accueillie dans le pays. Le jour où l'instruction primaire sera obligatoire, l'éducation du suffrage universel aura fait un grand pas, l'organisation que nous proposons fera le reste.

XV.

Nous rencontrons immédiatement une objection : « Comment, » nous dira-t-on, « organiserez-vous ces comités à la veille d'une élection ? »

Ce n'est pas à la veille d'une élection qu'il faut improviser cette organisation ; elle doit être préparée de longue date. Pour cela, nous faisons appel aux honnêtes gens de tous les partis, à tous ceux qui veulent que le sort de la France soit confié à une Assemblée qui représente fidèlement le pays.

Républicains ou monarchistes, nous devons être tous d'accord quand il s'agit de la France. Quand le pays aura prononcé entre nous, nous nous inclinerons devant le verdict souverain de la volonté nationale librement exprimée. Si nous agissions autrement, nous serions de mauvais citoyens. Le jour où il sera question d'élire une Constituante, nous nous combattrons loyalement en face du pays ; jusque-là, nous devons chercher par tous les moyens à rendre plus facile la manifestation de sa volonté.

Mettons-nous donc à l'œuvre et fondons dans chaque département une ligue pour l'Émancipation du Suffrage universel ; car c'est bien d'une émancipation qu'il s'agit ; il faut l'arracher à la domination de tous ceux qui le trompent et qui l'exploitent, le rendre indépendant du pouvoir et des agitations révolutionnaires. Il est souverain, il doit savoir faire triompher légalement sa volonté.

Formons au chef-lieu de chaque département un comité composé d'hommes de toutes les opinions, jouissant d'une grande considération. Ce comité recevra les souscriptions de tous les citoyens qui voudront contribuer à cette œuvre patriotique, les sommes reçues seront déposées à la Caisse des dépôts et consignations. Quand une élection devra avoir lieu, le comité adressera des circulaires aux électeurs, les invitant à désigner des délégués ; il fixera et indiquera le jour de la réunion aux chefs-lieux des cantons, des délégués communaux et l'heure de la réunion du comité électoral, à la disposition duquel il mettra les fonds nécessaires au paiement des affiches, circulaires, bulletins, etc. etc. Son action cessera alors pour recommencer au lendemain de l'élection et préparer une élection nouvelle.

Tous ceux qui veulent la sincérité des élections prêteront à cette œuvre l'appui de leur situation personnelle et nous faisons appel dès aujourd'hui à nos collègues des Conseils généraux, aux conseillers d'arrondissement, aux maires et aux conseillers municipaux, aux membres des Chambres de commerce et des Comices agricoles, aux présidents des Sociétés de secours mutuels, aux notaires, aux médecins, aux journalistes, aux grands propriétaires, aux manufacturiers, à tous ceux enfin qui, par leurs relations continuelles avec un grand nombre de leurs concitoyens moins éclairés, ont acquis sur eux une légitime influence. Chacun doit se mettre à l'œuvre afin que dans chaque département, le jour où il faudra procéder à des élections, les électeurs soient guidés dans leur choix par un comité désigné par eux.

Il faut que la classe riche et éclairée ait conscience de ses devoirs. Ceux qui ont le bonheur de ne pas être contraints à travailler pour gagner leur pain et celui de leurs enfants se doivent à leurs concitoyens qui ne peuvent pas employer leur temps à étudier les questions politiques. Le devoir commande au riche de penser au pauvre et de prendre soin de ses intérêts. Cela est la première condition pour obtenir la paix intérieure. L'éducation du suffrage universel pouvant seule nous préserver des doctrines subversives.

La tâche des comités sera rendue de plus en plus facile par les progrès de nos mœurs publiques; avec le concours de la partie éclairée de la nation, nous verrons dans quelques années les adversaires les plus opiniâtres du suffrage universel s'incliner devant le résultat obtenu.

XVI.

L'Assemblée constituante qui succédera à l'Assemblée nationale actuelle devra avoir une grande autorité morale et un grand prestige pour que le pays s'incline devant ses décisions et accepte la Constitution qu'elle lui donnera.

Pour que cette autorité soit incontestée, il faut guérir la nation de la maladie abstentioniste qui s'est emparée d'elle. Par dégoût ou par indifférence, beaucoup d'électeurs s'abstiennent de voter, et bien souvent la majorité est obtenue par une minorité disciplinée qui vient au scrutin, tandis que la majorité réelle s'abstient.

Nous ne pouvons savoir pour quelle forme de gouvernement se prononcera le pays lorsqu'il sera consulté ; mais il très-probable que la République sortira victorieuse de cette épreuve ; du reste, nous sommes en République, et c'est sur cette base que nous devons raisonner.

Dans une Monarchie, le souverain a le droit de dissoudre l'Assemblée lorsqu'il croit que la nation n'est plus avec elle ; dans une République, au contraire, la représentation nationale est souveraine, et l'Assemblée ne peut être dissoute par le pouvoir exécutif; il faut donc que cette Assemblée soit la représentation fidèle de l'opinion du pays.

Si les abstentions sont nombreuses et que l'élection soit faite par une minorité compacte, se présentant au scrutin avec ensemble, cet accord entre la nation et ses représentants n'existera pas.

Supposons que dans trois départements il y ait eu 40 0/0 d'abstentions, que dans le premier le député élu ait obtenu la majorité avec 35 0/0 des électeurs inscrits, que dans le second l'élu ait obtenu 40 0/0 et dans le troisième 45 0/0. Dans ces trois départements la majorité obtenue par les candidats élus ne sera que de 40 0/0, soit les deux cinquièmes des électeurs inscrits.

A un moment donné, il y aura un réveil de l'opinion publique, ce qui arrive souvent en France, et la masse des abstentionnistes deviendra hostile aux représentants, à l'élection desquels elle n'aura pas participé. Dans les trois départements que nous avons pris comme exemple, les abstentionnistes unis à ceux qui ont voté pour les concurrents des députés élus représenteront les trois cinquièmes des électeurs inscrits, les députés ne seront donc plus soutenus par l'appui moral de la majorité de leurs concitoyens. Ce fait peut se produire dans un grand nombre de départements, et le prestige de la représentation nationale en sera gravement atteint. L'Assemblée, armée de la puissance légale, pourra avoir contre elle la majorité de la nation, et cette situation sans issue durant jusqu'à l'expiration du mandat de l'Assemblée, puisque cette Assemblée ne peut être dissoute, affaiblira le pouvoir et par conséquent le pays.

Le pouvoir doit être fort de la confiance de la nation pour assurer le respect des lois sans lequel la liberté n'est pas possible; s'il vient à perdre une partie de son autorité morale, le pays en souffre cruellement. Les intérêts matériels qui aiment la sécurité et redoutent plus que tout les commotions politiques, se trouvent suffisamment garantis dans une Monarchie par l'inamovibilité d'un pouvoir héréditaire, dans une République, ils ne trouvent cette garantie que dans la force du pouvoir et son accord complet avec la nation, qui préservent le pays des crises violentes.

Il faut donc que tous les citoyens prennent part à l'élection des députés.

XVII.

Comme électeur, le citoyen a un droit à exercer et un devoir à remplir ; le devoir est inséparable du droit.

La souveraineté nationale réside dans l'universalité des citoyens ; chaque électeur représente une fraction de cette souveraineté ; il la délègue à un représentant qu'il choisit librement : voilà quel est son droit.

Il y a entre la nation et chaque citoyen une sorte de contrat par lequel la nation confère au citoyen le droit de représenter, non-seulement ses intérêts et ses opinions, mais les intérêts de ceux qui sont placés dans sa dépendance légale, sa femme, ses enfants, ses pupilles. Il faut que ces intérêts soient représentés, sans quoi ils seraient lésés ; il faut donc que l'électeur se considère comme obligé moralement à prendre part à l'élection de son député, sinon, on ne comprendrait pas pourquoi une femme ne serait pas autorisée à voter en l'absence de son mari.

Supposons un père de famille employé dans une administration, dont la femme est négociante patentée et dont un fils mineur est ouvrier dans une grande usine. Ce père de famille, lorsqu'il va choisir un député, doit consulter non-seulement ses intérêts privés, mais encore les intérêts du commerce qui sont ceux de sa femme et les intérêts de la classe ouvrière qui sont ceux de son fils ; il est le représentant naturel de ces intérêts et exerce comme électeur une véritable fonction qu'il est obligé de remplir. La nation peut exiger qu'il la remplisse. Si aucun candidat ne lui convient, il déposera dans l'urne un bulletin blanc, témoignant ainsi qu'aucun des concurrents ne lui inspire assez de confiance.

XVIII.

Préoccupés des progrès toujours croissants de l'abstentionnisme, dont nous avons signalé les dangers, bien des gens désireraient qu'on inscrivît dans la loi une pénalité contre ceux qui ne remplissent pas leurs devoirs électoraux ; une amende d'un certain nombre de centimes additionnels aux quatre contributions directes de celui qui, sans excuse valable, ne prend pas part à un vote, leur paraît un moyen très-efficace de combattre l'indifférence politique.

Nous regretterions profondément que le législateur en fût réduit à insérer dans nos Codes une pareille disposition ; la persuasion vaut toujours mieux que la coercition ; il faut éclairer le suffrage universel et montrer à chaque citoyen qu'il y a pour lui obligation morale de voter, et qu'en ne le faisant pas, il compromet l'avenir du pays ; il faut enfin lui rendre facile le choix des candidats ; quand il ne sera plus dans le doute et dans l'incertitude, il fonctionnera mieux. Combien d'électeurs s'abstiennent parce que les candidats leurs sont inconnus, et que ceux qui les leur recommandent ne leur inspirent pas une confiance suffisante.

Quand les délégués communaux désignés par les électeurs leur recommanderont les candidats choisis par le comité départemental, les abstentions diminueront considérablement, l'éducation politique de la nation se faisant graduellement, elle disparaîtront au fur et à mesure que les citoyens auront conscience de leurs devoirs.

XIX.

Après avoir indiqué le moyen de moraliser et d'éclairer le suffrage universel, nous devons maintenant parler de son application.

En temps ordinaire, le pays étant pourvu d'un gouvernement, il est appelé périodiquement à élire des députés qui, au nom de la nation qu'ils réprésentent, votent les impôts et les lois. Il n'y a dans ce cas aucun doute sur la manière de le consulter.

Nous nous trouvons actuellement dans une situation anormale; la République existe en fait et non en droit, et quel que soit notre désir de la voir adoptée par le pays comme gouvernement définitif, nous ne pouvons nier que la nation ait le droit de se donner, lorsque le moment sera venu, la forme de gouvernement qui lui conviendra. La France est maîtresse de ses destinées et nous ne mettons pas plus la République que la Monarchie au-dessus de la volonté nationale.

L'Assemblée actuelle s'est déclarée Constituante; mais personne n'a pris cette déclaration au sérieux; elle a reçu de nous un mandat parfaitement limité, elle doit nous délivrer de l'occupation étrangère, et réorganiser le pays. Tant qu'un soldat allemand foulera le sol de la patrie, un bon citoyen ne peut demander sa dissolution, qui sera

la conséquence logique et inévitable de l'évacuation du territoire.

Ce jour-là, il faudra consulter le pays, et, suivant
l'expression de M. Thiers, « le pays dira comment
il veut vivre. »

De quelle façon la question lui sera-t-elle posée?

Nous sommes en présence de deux systèmes,
les uns voudraient l'appel direct au peuple, le plébiscite; les autres demandent l'élection d'une Assemblée constituante.

Nous allons examiner les deux systèmes.

XX.

Le plébiscite est théoriquement une application
logique du suffrage universel; mais, en pratique,

il n'est jamais appliqué dans des conditions telles que la réponse de la nation soit significative.

Un gouvernement de fait présente à la sanction du peuple les bases d'une Constitution, le peuple doit l'accepter ou la rejeter, il est placé dans cette alternative d'accepter tout ce qu'on lui propose, quelque défectueux que cela lui paraisse, ou de le rejeter et de se trouver le lendemain en présence de l'inconnu, le gouvernement de fait étant répudié par la nation ; c'est une révolution à courte échéance.

Nous ne parlons pas des procédés employés par celui qui pose la question, pour que la réponse lui soit favorable ; nous renvoyons nos lecteurs à l'histoire de la période qui a précédé le vote du mois de décembre 1851.

Comment admettre d'ailleurs que tous les électeurs puissent apprécier des dispositions constitutionnelles ? Une seule d'entre elles peut annihiler toutes les autres et réduire à néant les garanties que l'on semble offrir à la nation. Comment les citoyens, si intelligents qu'ils soient, ne connaissant pas les roueries de la politique verront-ils le danger? Combien d'électeurs savent la différence qu'il y a entre le gouvernement parlementaire et le gouvernement personnel? Combien se rendent compte des garanties que donnent au pays la responsabilité ministérielle et l'irresponsabilité du souverain? Combien verront le piége tendu à leur liberté par la possibilité de plébiscites futurs? Une minorité, une infime minorité! Et quand tous ceux qui ont étudié ces questions entreprendraient d'éclairer la nation, est-ce que l'accomplissement de cette tâche ne serait pas impossible?

Lorsqu'un gouvernement de fait demande à la nation s'il l'accepte ou non, il la met dans la situation d'un voyageur qui, exténué de fatigue, rencontre sur sa route une auberge isolée. L'hôtelier lui offre une chambre qui ne lui convient nullement, le lit est mauvais et les draps malpropres; le voyageur voudrait bien un gîte plus confortable, mais il doit prendre ce qu'on lui offre ou coucher à la belle étoile. De même, il faut accepter le lit offert par le gouvernement ou s'exposer aux intempéries de la révolution. Il est vrai que l'on y est quelquefois si mal couché que l'on regrette amèrement d'avoir accepté; mais il est trop tard, la porte est close, on ne peut plus sortir.... sans la briser.

Pour que le plébiscite fût honnète et que la réponse de la nation fût significative, il faudrait que le gouvernement qui pose la question ne fût pas intéressé à la réponse. Il faudrait en outre que cette question fût toujours simple.

On peut demander au peuple s'il veut la République ou la Monarchie, comme forme définitive du gouvernement; sa réponse aura une signification. On ne peut honnêtement lui demander d'accepter ou de rejeter une Constitution qui n'a pas été élaborée par ses représentants. Si, au contraire, la Constitution a été votée par une Assemblée et discutée en présence du pays, on peut la soumettre à sa sanction. Si elle est rejetée, on la modifie, et l'ordre public n'est pas compromis pour cela ; la nation n'est pas placée entre l'acceptation quand même et les hasards d'une crise.

En résumé, le plébiscite est admissible lorsque la question posée est simple, et que le gouvernement qui la pose n'est pas directement intéressé à la réponse; si le gouvernement y a un intérêt direct, ou si la question est complexe, le plébiscite est une duperie et une indigne exploitation du suffrage universel.

XXI.

L'élection d'une Assemblée constituante est un moyen simple, logique et honnête de connaître la volonté du pays.

Des comités électoraux revêtus d'un mandat régulier, fonctionnant dans tous les départements, les questions politiques sont débattues devant eux et les électeurs de chaque circonscription connaissent les motifs pour lesquels le comité a préféré M. X... à M. Y... et à M. Z..., ils savent parfaitement quelles sont les opinions des différents candidats et leur vote ne s'égare pas.

L'Assemblée constituante se compose ainsi de

membres bien choisis après un sérieux examen et représentant les diverses nuances d'opinions. Les uns sont républicains, les autres radicaux, d'autres légitimistes, bonapartistes ou orléanistes. Les partis peuvent se compter, et on sait quel est le gouvernement le plus sympathique au pays.

Pour que ce résultat soit concluant, il faut que l'on ait précédemment organisé le suffrage universel et que les comités fonctionnent partout. Il faut que la réprobation universelle empêche les intrigants de toutes nuances d'organiser des comités sans mandat, pour exploiter la crédulité publique.

Dans un pays aussi divisé que la France et dans lequel les partis sont aussi peu disposés à se faire des concessions, il peut arriver qu'aucun d'eux n'ait la majorité dans l'Assemblée constituante. L'Assemblée se trouvera alors dans l'impossibilité absolue de choisir une forme de gouvernement. C'est ainsi que dans l'Assemblée nationale actuelle la majorité monarchiste est divisée en deux camps à peu près égaux ; l'un, le camp légitimiste, n'admettant pas que l'on préfère une monarchie d'aventure à la monarchie traditionnelle; l'autre, le camp orléaniste qui, ne s'appuyant pas sur un principe, mais sur ses ambitions et ses intérêts, n'accepte pas une solution monarchique qui ne leur donne pas satisfaction.

Si l'Assemblée était constituante, elle serait donc impuissante à établir un gouvernement définitif.

Les républicains libéraux sont encore plus éloignés des radicaux que les orléanistes des légitimistes; tandis que les premiers veulent le gouvernement du pays par lui-même et le progrès des institutions politiques et sociales; les seconds sont disposés à faire le bonheur de la nation malgré elle, à lui imposer leurs doctrines politiques et économiques et à tout bouleverser pour appliquer, quand même, leurs théories. D'un côté, les libéraux, de l'autre, les autoritaires; d'un côté, l'ordre et le progrès; de l'autre, le désordre et l'anarchie, on ne peut être plus profondément divisé.

Si la minorité de l'Assemblée était majorité, elle serait donc bien loin de présenter un groupe compact et homogène.

4.

Si la majorité de l'Assemblée constituante est divisée en plusieurs fractions d'opinions divergentes, elles pourront arriver à une entente négative, c'est-à-dire, que toutes les propositions seront repoussées à une grande majorité. Si la majorité est monarchiste, cela est très-grave, parce que la monarchie varie beaucoup suivant la façon dont on la comprend ; il faudra nécessairement consulter le pays et lui demander de trancher le différend en désignant la monarchie qu'il préfère.

Si, au contraire, la majorité est républicaine, elle acclamera la république à l'unanimité. Quand viendra la discussion de la Constitution, les monarchistes et les républicains libéraux s'entendront pour combattre les théories subversives des radicaux, et pour assurer au pays des institutions libérales. On pourra, dans ce cas, arriver à une solution.

Pourquoi, nous dira-t-on, ne pas faire un appel au peuple avant de convoquer une Assemblée constituante ? Puisque cet appel peut devenir indispensable, il vaudrait mieux trancher immédiatement la question de la forme du gouvernement.

Nous répondrons à cela que si un appel au peuple précédait les élections à la Constituante, il exercerait une grande influence sur le résultat de ces élections, et que les diverses opinions ne seraient peut-être plus représentées comme elles doivent l'être. Si une forme de gouvernement était votée par la nation, les candidats qui représentent des opinions contraires n'auraient plus la même liberté pour soutenir leurs doctrines; même en acceptant le verdict de la volonté nationale, ils seraient toujours soupçonnés de vouloir en contrecarrer l'application, et beaucoup de ceux qui, partageant leurs opinions, auraient voté pour eux, changeraient peut-être d'avis par un scrupule patriotique.

Du reste, il est essentiel que le pays, avant d'être consulté, soit éclairé par les discussions de l'Assemblée, ce n'est qu'après avoir entendu les défenseurs des différents systèmes qu'il pourra se prononcer en connaissance de cause.

XXII.

L'Assemblée constituante ayant pu se mettre d'accord sur une forme de gouvernement et ayant rédigé une Constitution, on peut se demander si nécessairement cette Constitution doit être soumise à la sanction du pays.

En théorie, les représentants ayant reçu des pleins pouvoirs, la Constitution qu'ils ont acceptée est légitime et ils peuvent l'appliquer. En pratique, nous devons reconnaître que la sanction populaire donne à la Constitution un prestige et une autorité beaucoup plus considérables. Nous croyons donc que la Constitution devra être soumise à l'acceptation du peuple. Si l'Assemblée constituante de 1848 avait agi ainsi, la Constitution rédigée par elle aurait eu dans le pays des racines plus solides, et n'aurait pas été si facilement déchirée par celui-là même qui était chargé de la faire respecter.

XXIII.

En étudiant les moyens d'organiser et d'éclairer le suffrage universel, nous avons soigneusement évité d'aborder les questions qui divisent actuellement le pays; nous avons écrit pour tous les partis, et notre but est de faire appel au concours de tous les bons citoyens quelles que soient leurs préférences politiques.

Lorsque la nation consultée aura rendu son arrêt souverain, nous devrons tous soutenir le gouvernement qu'elle aura choisi et le seconder dans la tâche qui lui incombera de rendre à la France sa prospérité intérieure et le rang qu'elle doit avoir dans le monde.

Nous avons tous le même intérêt à ce que le verdict du pays soit consciencieux et éclairé; à ce qu'il prononce, en connaissance de cause, entre les partis qui se disputeront le pouvoir.

Pour nous, le salut de la France est dans l'union de tous les honnêtes gens, qui, s'ils restent divisés,

seront toujours à la merci des ennemis de la patrie
et de la société.

Le parti qui, en dehors de ses dissentiments
politiques, veut l'ordre, le progrès et la liberté, a
pour lui l'immense majorité de la nation. Si tous
les éléments qui le composent veulent travailler
en commun à réparer nos désastres, ce parti sera
invincible, ce sera le parti de la France.

Mettons nous donc à l'œuvre. Au lieu de reven-
diquer, pour les besoins de notre cause, des droits
plus ou moins contestables, au lieu de nous re-
trancher dans la routine et les préjugés de notre
parti, au lieu de nous entre-déchirer pour la plus
grande joie des Allemands et des radicaux, formons un groupe compact qui, s'appuyant sur toute
la nation honnête et laborieuse, rendra au pays
la sécurité à l'intérieur et son prestige à l'étranger.

Notre conviction est que cet accord entre les
bons citoyens de toutes les opinions ne peut exis-
ter que sur le terrain de la République.

FIN

Fontainebleau. — Imprimerie de E. Bourges.